HOGLI

ICH VERSTEH NICHT, WAS DU MIT DIESEM MACHO WILLST?!

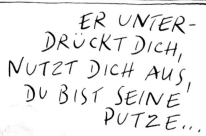

ER UNTERDRÜCKT DICH, NUTZT DICH AUS, DU BIST SEINE PUTZE...

...UND KÖCHIN, SELBST IM BETT SPIELT ER DEN PASCHA!!

ACH, WEISST DU, WÄRE ER ANDERS, WIE KÖNNTE ICH MICH DANN EMANZIPIEREN?

HOGLI

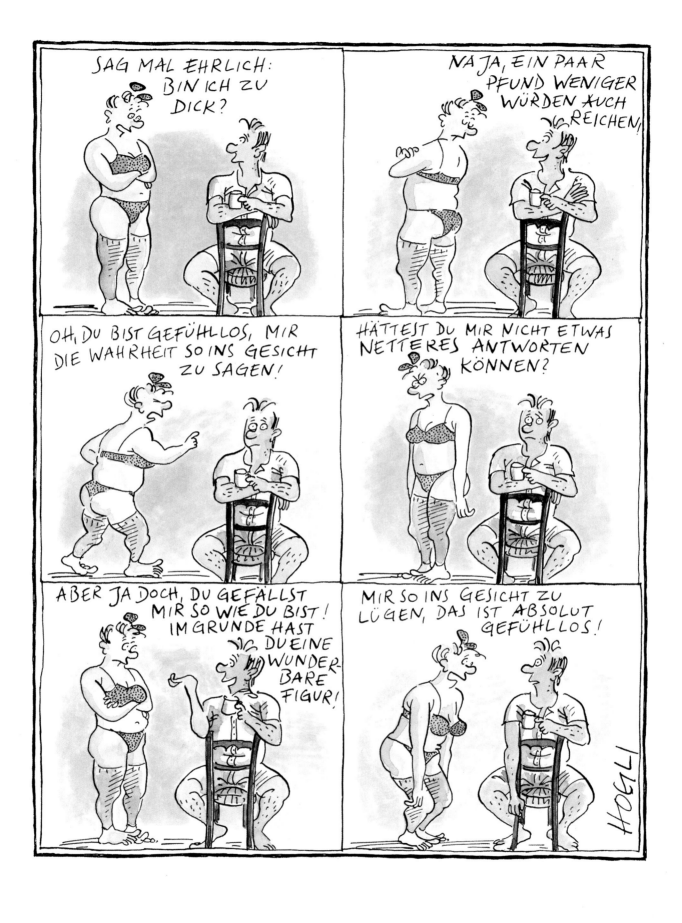

Die Deutsche Bibliothek – CIP-Einheitsaufnahme

Glienke, Amelie:
Du kannst mich mal! / Hogli. – Hannover : Fackelträger, 1997
ISBN 3-7716-2515-7

© 1997 by Fackelträger-Verlag GmbH, Hannover
Alle Rechte vorbehalten.
Satz und Reproduktion: Satz Repro Grafik GmbH, Leipzig
Druck und Bindearbeiten:
Jütte Druck GmbH, Leipzig
ISBN 3-7716-2515-7

HOGLI

DU KANNST MICH MAL!

FACKEL
TRÄGER
VERLAG